Die Sextinische Kapelle

Hervé Le Tellier

Die Sextinische Kapelle

Aus dem Französischen von
Jürgen Ritte

Oulipo & Co
DIAPHANES

»Die sexuellen Praktiken sind banal, beschränkt, dem Wiederholungszwang unterworfen, und diese Beschränktheit steht in keinem Verhältnis zu dem wunderbaren Lustempfinden, das sie hervorrufen.«

Roland Barthes, Vorwort zu *Tricks* von Renaud Camus

Für Harry Mathews, diese Lustansichten

Anna und Ben

Ben schlägt die Vorhänge zurück. Es ist schon dunkel. Die roten und blauen Neonlichter des Holiday Inn an der Place de la République verwandeln Annas langgliedrigen, nackten, rücklings auf dem Laken liegenden Körper in ein fauvistisches Objekt. Er kniet an der unteren Bettkante nieder, küsst ihre Füße, spreizt ihre Schenkel, packt sie an den Hüften und zieht sie zu sich heran. Anna schließt die Augen. Sie versteht kein Wort von dem, was Ben ihr sagt, während er in sie eindringt und sein langsames Hin und Her beginnt. Sie bedauert, in der Schule nur Deutsch und Spanisch gelernt zu haben.

Oder halt, doch, sie versteht das Wort »Darling«. Das hält sie für entsetzlich »out«.

Ben und Chloë

In der schicken Vorstadt von Houston, Texas, im großen Ehebett im Schlafzimmer der Eltern – deren Ferien in Nassau nichts zu wünschen übrig lassen, »wir kommen Montag zurück«, – spürt Ben, wie sein Penis in Chloës Hand – sie küsst ihn zunächst zaghaft, dann immer entschlossener – anschwillt. Im Fernseher sind auf CNN in Endlosschleife die Bilder des Attentats zu sehen, das gerade in New York stattgefunden hat. Chloë geht sogar so weit, an seiner Eichel zu lutschen. An dieser Stelle, denkt sie, hat die Haut etwas von der trockenen Sanftheit einer kleinen Katzenpfote. Aber Ben schnurrt überhaupt nicht.

Chloë sagt sich, dass sie, wäre sie ein Mann, gewiss homosexuell wäre. Dann, in einem zweiten Moment, dass das eine ziemlich bescheuerte Idee ist.

Chloë und Dennis

In einer elfenbeinfarbenen Badewanne hat Chloé sich auf Dennis gehockt, der auf ihren gebräunten Rücken und ihr kurz geschnittenes braunes Haar schaut; sie hat – unter einigen Verrenkungen – seinen Phallus in sich eingeführt. Sie haben zuerst das Badezimmer überschwemmt, dann hat Chloé beschlossen, den Stöpsel zu ziehen. Und in der nunmehr leeren Wanne bewegt sie sich stöhnend und mit den entsprechenden Anstrengungen auf und nieder. Die kolbenartige Bewegung ihrer Geschlechtsteile erzeugt zischelnde Sauggeräusche, die zuweilen von einem lauteren Luftaustritt begleitet werden, ähnlich wie bei einem platzenden Reifen.

Dennis hat Rückenschmerzen, findet das Licht zu grell, und seine Arme sind zu kurz, um an ihre Brüste zu gelangen und ihn davon zu überzeugen, dass er wirklich mit einer Frau zusammen ist.

Dennis und Elvire

Der Aufzug der Marke ART (2 Personen, 180 Kilo) bringt Dennis und Elvire auf den siebten Stock eines Pariser Wohnhauses (»Fahr du schon mal mit unserem Freund«, hatte ihr Ehemann zu Elvire gesagt, »Chloé und ich nehmen den nächsten.«). Auf dem ersten Stock küsst Dennis Elvire in den Nacken und fährt mit der Hand über ihren Rock und Hintern. Im dritten Stock schlingt er den Arm um ihre Hüften, er hebt den Stoff an, und seine Finger gleiten unter die Wäsche auf ihren Bauch. Auf dem fünften Stock schiebt sich der Mittelfinger weiter vor ins feuchte Fleisch. Auf dem siebten Stock zieht sich der Finger nach einer letzten Zärtlichkeit unter Bedauern zurück. Die Tür wird sich gleich öffnen. Dennis zieht vorsichtig seine Hand zurück, und sie verlassen den Aufzug. Dieser fährt sogleich wieder runter.

Nichts verschafft mehr Selbstgewissheit als das feuchte und salzige Begehren einer Frau, denkt Dennis, während er den Duft seiner Hand einatmet.

Elvire und Farid

Elvire ist bass erstaunt ob der gewaltigen Kiefer des Krokodils im Graben des Aquariums des Museums der Künste Afrikas und Ozeaniens an der Porte Dorée, nicht aber über die Menge der Genitive in diesem Satz. Sie murmelt Farid eine Zärtlichkeit ins Ohr, schiebt rasch ihre Hand zwischen den Gürtel und den Bauch des jungen Mannes, dessen beiger Parka ihre Handlung verbirgt. Ihr Zeigefinger fährt von hinten nach vorne über die Naht des Hodensacks. Durch die anschwellende Erektion fältelt sich nach und nach dessen Haut. Die Finger pressen die Hoden leicht zusammen, dann lassen sie ab und fahren wieder aus der Hose heraus. Farid ist wie versteinert.

Farid weiß es noch nicht, aber Jahre später wird er onanieren, während er die Szene mit dem Krokodil des Aquariums des Museums usw. wieder vor sich sieht.

Farid und Galata

Das orangefarbene Zelt krallt sich an den Hang unterhalb der Aiguille du Midi im Mont-Blanc-Massiv. Galata und Farid stellen sich schlafend, um ihre beiden Freunde nicht zu wecken. Farid, der mit weit aufgerissenen Augen in die Dunkelheit schaut, ist es gelungen, Galatas Schlafsack leicht zu öffnen und seinen Arm hineinzuführen. Galata erschauert vor Erregung, aber auch vor Kälte, denn der eisige Windzug überzieht ihren Körper mit einer Gänsehaut. Farids Hand ist bis zu ihrem braunen Vlies vorgedrungen und sein Mittelfinger sucht sich weiter vorzuwagen in den Schlitz, in die Furche, in die Röhre halt.

Farid denkt darüber nach, dass es im Französischen 50 Namen für das weibliche Genital gibt und noch mehr für das männliche. Ziemlich wenig im Vergleich zu den 366 für vergorene Milch.

Galata und Harry

Der alte Audi 80 biegt von der A46 auf den Parkplatz von La Voulte ab. Harry bleibt unter einem Baum stehen, schaltet Scheinwerfer und Motor aus. Das gelbe Laternenlicht lässt Galatas nackte Beine noch schlanker erscheinen. Sie weint, wird von kurzen Krämpfen geschüttelt. Harry beugt sich über sie, küsst sie auf die mit Schlieren von Mascara überzogene Wange, sie erwidert seinen Kuss, öffnet seinen Mund fast schon gewaltsam mit ihrer Zunge, streichelt über sein graues Brusthaar. Sie setzt sich so gut es eben geht auf Harry, schluchzt immer noch, öffnet seinen Gürtel, zieht den Reißverschluss herunter, ihre Finger packen sein Glied, das anschwillt. Rasch zieht sie ihren Schlüpfer runter und lässt den schon steifen Penis in sich eindringen: Sie war nie so feucht, er wirkte nie so dick.

Ich liebe Dich Du Schwein ich liebe Dich Du Schwein ich liebe Dich … das sind die Worte, die Galata jedes Mal zurückhält, wenn sie, tief in sich, Harry bis zum Anschlag spürt.

Harry und Irma

Harry kniet, hält Irma an den Hüften und penetriert sie von hinten (allerdings nicht im *vas illegitimum*). Die Stellung biegt seine Rute nach unten und das verursacht ihm das Gefühl einer ganz seltenen Härte. Manchmal stützt er sich mit der Hand auf, und Irma knabbert dann stöhnend an ihrem Daumen. Ihr hübsches Gesicht drückt sich aufs Betttuch, sie hinterlässt dort ein paar blonde Haare mit braunen Wurzeln. Was den Lattenrost betrifft, geht unter Harrys Ansturm erst eine Latte flöten, dann noch eine, und er droht schließlich ganz einzubrechen.

Harry bewundert Irmas prallen Hintern, und sein Blick verliert sich durch die Dachluke (Velux™) auf die Pariser Zinkdächer, wo eine graue Taube aus kleinen, runden, unbeteiligten Augen stiert und vor sich hin gurrt.

Irma und Johann

In der amerikanischen Küche einer Modellwohnung (drei Zimmer, zentrumsnahe Vorstadt von Lyon) diskutiert Johann – die Pläne mit dem Grundriss liegen ausgebreitet auf der Bar aus brasilianischem Holz – mit dem Immobilienmakler, der sich auf der Seite des »Wohnbereichs« aufhält. Irma inspiziert die Arbeitsplatte, dann schiebt sie sich hinter Johann, wuselt mit einer Hand durchs braune Haar ihres Verlobten, während sie verstohlen die Rechte auf seinen Hosenschlitz legt. Sie lächelt den jungen Verkäufer an und amüsiert sich über ihren Zukünftigen, der wegen ihrer immer präziser vorgehenden Streicheleien ins Stottern gerät, während er von Jahresraten und Zinssätzen redet.

Ich bin verrückt, sagt sich die so brave Irma, die ganz begeistert ist von der Vorstellung, dass sie sehr wohl, warum eigentlich nicht, leicht durchgeknallt sein könnte.

Johann und Katia

In einem Rahmen aus (falschem) Rüsterholz schießt die Dampflok aus dem Kamin heraus. Der Blick aufs Magritte-Poster ist zum Teil verdeckt durch die muskulösen Rundungen von Katias Hintern. Wie jeden Donnerstag von drei bis fünf leckt Johann in dieser Zweizimmerwohnung in Belleville die karmesinroten Blütenblätter von Katias Vulva, die Nase tief im rauhaarigen schwarzen Gebüsch steckend, während sie, auf seinem massigen, haarigen Körper sitzend, mit Appetit seine dicke Rute verschlingt. Sie wechseln zwischen Langsamkeit und Schnelligkeit, Sanftheit und Härte, ohne genau sagen zu können, wer von beiden dem anderen das Tempo vorgibt.

Woher kommt nur, wundert sich Katia, diese distanzierte Lust daran, diesem Kerl ohne jeden Charme, den ich zudem noch nicht einmal liebe und der mich noch viel weniger liebt, einen zu blasen?

Katia und Laurent

Der Parkplatz vor den Gemüsehallen des Großmarkts von Rungis liegt im Halbdunkel, und dort schlummert der Volvo-Sattelschlepper mit seinen 349.548 Kilometern auf dem Tacho. Hinter den zugezogenen Samtvorhängen seiner erhöhten Schlafkabine versucht Laurent gar nicht erst auszurechnen, wie viel Erdumrundungen das ausmacht. Auf der schmutzigen, abgenutzten Matratze kniend versucht er angestrengt in Katia einzudringen, die vor Schmerz das Gesicht verzieht. Er versucht's mit einem dicken Tropfen Spucke auf seinem Glied (igitt!, denkt sich Katia), wo doch ein Quäntchen Geduld angebrachter wäre.

Aus einem jener Zufälle heraus, über die man leicht hinweggeht, grölt Mick Jagger gerade im Radio »I can't get no satisfaction«.

Laurent und Mina

Am späten Nachmittag, gewiss, antwortet Laurent vom Fenster seiner Dreizimmerwohnung in Levallois herunter der Witwe Chabert, die ihn zwei Stockwerke tiefer vom Trottoir aus angerufen hatte. Die Mittagssonne lässt ihn nicht weniger als die Lust seine Augen zusammenkneifen, während ihm die neckische Mina, unsichtbar vor ihm hockend, Hose und Unterhose heruntergezogen hat und mit ihren Schneidezähnen an seinem Genital herumspielt, bevor sie es entschlossener in den Mund nimmt. Und so passiert es, dass Laurent, dem es nicht gelingt, die Witwe Chabert abzuwimmeln, die sich übers Wetter auslässt, ein paar Sekunden später in Minas empfangsbereiten Mund ejakuliert.

Während sie das zwar bittere, aber eiweißhaltige Sperma schmeckt, schert Mina sich einen Teufel darum, dass sie sich in genau diesem Moment am äußersten Ende der tierischen Nahrungskette positioniert hat.

Mina und Niels

Sobald Mina, die als Interim-Sekretärin im Pariser Büro von *Searson & Wilman & Partners* arbeitet, den Hörer abgenommen hatte (mit der linken Hand), erkannte sie die Stimme des Vizepräsidenten. Deswegen hat sie aber noch nicht (mit der rechten Hand) die Hoden des jungen, vor Kurzem in den Rang eines *Senior Associate* erhobenen Niels losgelassen, die sie durch den Flanell seiner Hose beknetet. Mit einer absolut natürlichen Geste wechselt sie die Hand, um mit blauem Kugelschreiber eine wichtige Telefonnummer zu notieren. Denn sie ist weder linkisch noch Linkshänderin.

Ein paar Stunden noch, und Niels wird erfahren, dass Lotus keine Sportwagen-Marke ist und dass seine Heiratspläne mit Gertrud Wilman definitiv ins Wasser fallen.

Niels und Oriane

Da Junkie zu nervös war, hat Niels an diesem Morgen die dreijährige braune Stute Jade bestiegen. Am Ende des Ausritts erwartet ihn, an einen Baum gelehnt, Oriane. Mit der Hand ist sie sich unter den Bauch gefahren, ins Vlies, und berührt leicht die perlmuttfarbene Perle, die sich in dieser Schatulle verbirgt. Das Blut pocht heftig in ihre diaphanen Schläfen, ein heiseres Hecheln entfährt ihr, die Lust durchrüttelt sie. Dann stürzt sie auf Niels zu, schnappt nach seinem Zeigefinger, umschließt ihn mit ihren karminroten Lippen und lutscht gierig und bebend vor Verlangen an ihm.

Erschüttert von diesem Feuerwerk an abgegriffenen literarischen Klischees findet Niels, dass Oriane unwahrscheinliche Ähnlichkeit mit dem Bild eines Malers aufweist, an dessen Namen er sich nicht erinnern kann.

Oriane und Philippe

Der *Corail* Limoges–Paris durchpflügt, einer gängigen Formulierung zufolge, die Nacht. Im fast leeren Waggon Nr. 12 (erste Klasse) küsst überfallartig der verführerische Philippe – Handicap 5 beim Golf – seine Sitznachbarin Oriane, die er mit einem dummen Witz aus der Verklemmung locken konnte: »Ich habe die Open von Condom gewonnen. Ein Golfturnier, was sonst.« Er streichelt über den entblößten Schenkel der Frau, dann bewegt sich seine Hand langsam höher Richtung Slip.

Mit den Küssen ist es ganz entschieden so wie mit den Gürkchen im Glas: Wenn man erst einmal eines gepackt hat, kommt der Rest von alleine.

Philippe und Qiu

Der tumultartige Lärm Schanghais erreicht nicht den dreiundzwanzigsten Stock des Hilton, wo Philippe, Zimmer 2412, auf dem dicken Teppichboden kniend mit Hingabe und kunstfertig Qius aufblühende Vulva zwischen ihren gespreizten Schenkeln leckt. Mit ausgestrecktem Arm streichelt er die Brüste der jungen Frau, die es nicht bereut, sich ein paar Zentimeter mehr Busen geleistet zu haben. Diese Stellung ist auch nicht schlecht, um seinen Tennisarm zu schonen.

Wenn man davon ausgeht, dass es beim Golf mindestens sieben verschiedener Clubs und neun Löcher bedarf, kann man sich fragen, denkt Philippe, ob dies nun ein Beleg für die Überlegenheit des Golfs gegenüber dem Sex ist – oder ist es umgekehrt?

Qiu und Rémi

Das Schlafzimmerfenster der Villa Luciana geht auf den blauen Himmel, die Kornfelder und die Zypressen der Toskana hinaus. Qiu und Rémi liegen, nur mit Hemd beziehungsweise Bluse bekleidet, auf dem Betttuch aus weißer Baumwolle. Auf ihrem finnischen Mobiltelefon komponiert Qiu eine Mini-Nachricht in Form eines Haikus für ihren Ehemann – der seit zwei Wochen auf Business-Trip in Dublin ist. Sie markiert jedes Wort, selbst jede Abkürzung, mit einem Kuss auf Rémis noch feuchten Penis. Er trällert eine Melodie von Haydn vor sich hin und spielt mit den Fingern im feinen, pechschwarzen Haar ihres Schamhügels.

Wenn Rémi in diesem Augenblick ins Innere von Qius Bauch schauen könnte, würde sein erster Satz lauten: »Es ist ein Junge!«

Rémi und Sofia

Die Métro verlässt laut ratternd die Station Plaisance (Linie 13), ohne dass es der blonden Sofia gelungen wäre, Rémi von dem eklatanten Schwachsinn des freudschen Konzepts des »Penisneids« bei den Mädchen zu überzeugen. Angesichts seines bösen Willens gibt sie es auf, streckt ihm ihre spitze, rosige Zunge entgegen und schiebt Rémi, der instinktiv die Lippen öffnet, flink und plötzlich ihren kleinen Finger in den Mund.

Sofia kann sich nicht dazu durchringen, Rémi entgegenzuhalten, dass die Frauen zwar keinen Penis haben, aber dass sie sich deswegen auch nicht – wie du – fragen müssen, ob er auch groß genug sei.

Sofia und Terence

Der Motor des *Greyhound* der Linie New York City–Philadelphia dröhnt ohrenbetäubend laut auf den hinteren Plätzen, die dennoch besetzt sind, obwohl der Bus in dieser Nacht fast leer ist. Das Dieselgeräusch übertönt Terence' lustvolles Grunzen: Mit bis auf die Knie heruntergelassener Hose und über die Brust hochgeschobenem T-Shirt der Columbia University penetriert er im Sitzen seine Hörerin Sofia aus der Aula, die rittlings auf ihm wie eine Irre herumzappelt. Die Lust zu pinkeln ist ihr vollkommen vergangen.

»Oh yeah, oh yeah!«, stöhnt er (auf Englisch). Wenn wir auch zwei Ohren und nur einen Mund haben, so sagt dieser doch zweimal zu viel.

Terence und Ursula

Auf der Terrasse einer Penthouse-Wohnung oberhalb des Hudson diskurriert Terence, während das Dessert aufgetischt wird, über die bedauerliche Abkehr junger Psychiater von der Praxis der Hypnose. Ursula, eine schöne hochgewachsene Schwarze mit kurzem, blond gefärbtem Haar, streckt ihr langes Bein aus und fährt mit dem nackten Fuß zwischen seinen Schenkeln hoch. Nach und nach knöpft sie mit ihren agilen Zehen in aller Ruhe den Hosenschlitz auf, bevor sie die Unterhose auf der Suche nach dem Penis durchforscht, der in plötzliche Aufwallung gerät. Terence ahnte nicht, dass jemand so virtuos sein könnte.

Ganz aus der Fassung gebracht erklärt er den Gästen, dass »der Penis eine Insel« sei oder »die Sexualität ein Kontinent«. Mit anderen Worten: der reine Blödsinn.

Ursula und Vincent

In einem Hotelzimmer (Zwei Sterne) im zehnten Pariser Arrondissement liegen Vincent und Ursula nackt und verkehrt herum nebeneinander auf einem Bettüberzug mit einem Muster aus roten Lilien. Das Fenster geht auf die Gleise des Nordbahnhofs: Der 13.29 Uhr nach Compiègne kreuzt den (verspäteten) Thalys aus Brüssel. Vincent hat seinen Kopf zwischen Ursulas ebenholzschwarze Schenkel geschoben und versucht behutsam, ihre rosigen Schamlippen zu öffnen. Der Mund der jungen Marketingdirektorin findet sich seinerseits sehr nah an Vincents erigiertem Penis. Die junge Frau hat vollkommen begriffen, was er von ihr erwartet, aber sie ist sich über den weiteren Ablauf der Ereignisse noch nicht im Klaren.

Ursula ist ziemlich klar, dass sie, angesichts des geschwollenen Glieds, den Reptilienblick eines Krokodils in einer Lederwarenhandlung aufgesetzt hat.

Vincent und Wendy

Ohne die menschenfressenden Haie zu fürchten, die sich, glaubt man den Warntafeln entlang dem Strand von Acapulco, hier herumtreiben, haben sich Wendy und Vincent weit in den Pazifik vorgewagt, ohne den Boden unter den Füßen zu verlieren. Vincent fasst die festen Brüste der jungen Frau: Sie drückt ihren Frenchie an sich, knetet seine muskulösen Pobacken und schiebt in einer brüsken Bewegung den linken Zeigefinger in den Anus des Jungen, dessen Blick tiefste Verblüffung verrät.

Auf die Verblüffung folgt freudige Verwunderung, dann ein gewisses Bedauern bei der Vorahnung, dass er es niemals wagen wird, von einer seiner künftigen Freundinnen dasselbe zu verlangen.

Wendy und Xavier

Das Messingbett thront in der Mitte des Schlafzimmers auf dem zweiten Stock eines Stadtpalais in Saint-Cloud, wo Wendy, ein Aupair-Mädchen, das noch gebräunt ist von der Sonne der Tropen, sich Xavier hingibt, dem ältesten Sohn des Hauses. Er ist nackt wie sie, sie liegen auf den geblümten Laken, er küsst sie in den Nacken und streichelt ihre Brüste, dann ihren Bauch und ihre Schenkel, bevor er über die Klitoris fährt und den ganzen Mittelfinger in ihre feuchte Scheide einführt. Wendy strafft sich, und Xavier spürt, wie ihr *musculus ischiocavernosus* und *bulbospongiosus* kontrahieren und schließlich seinen Finger festklemmen.

Oder handelt es sich nicht eher, fragt sich der Medizinstudent, um den ischiospongiosus und den bulbocavernosus?

Xavier und Yolande

Seit zwanzig Minuten im vollkommen reglos zwischen Erdgeschoss und erstem Stock feststeckenden Lastenaufzug der Universitätsklinik von Tours ausharrend, schlagen Xavier und Yolande die Zeit tot. Der Assistenzarzt knetet mit ungelenker Hand die üppige Brust der Krankenschwester, während diese (mit deutlich erfahrenerem Handgriff) aus dem Hosenschlitz seinen Penis hervorzieht, der zwischen ihren Fingern rasch die schlaffe Konsistenz eines Fischröllchens verliert. Unterdessen betreibt sie mit der Außenwelt, hier in Gestalt des Fahrstuhlreparateurs, ein reges und vernünftiges Gespräch.

Und überhaupt, denkt Yolande nicht ohne Stolz, trifft der Ausdruck »gepflegte Konversation treiben« sehr gut auf mich zu.

Yolande und Zach

Wie auch immer Zach, Professor für Latein an der Universität Aix-Marseille, mitten in der weiten Ebene der Beauce auf diesen dusseligen Traktor der Marke Massey Ferguson geraten sein mag, wichtig ist nur, dass er dabei ist, an der aufgerichteten Brustwarze von Yolandes linker Brust zu lutschen, wobei besagte Yolande neben ihm sitzt. Es heißt zuweilen, dass der Moment des In-Erscheinung-Tretens der Brust den Anfang der sexuellen Beziehung markiert, und die Spruchweisheit bewahrheitet sich, denn Yolande setzt sich in der sogenannten Andromache- oder auch Reitstellung auf ihn.

Zach wird Yolande in dem Moment penetrieren, da diese ausruft: »Oh, die Türme der Kathedrale von Chartres!«, und diese konkurrierenden Erektionen lassen eine andere rasch verpuffen.

Zach und Anna

Unter einem Kutschentor in der Rue des Francs-Bourgeois lehnt Zach an der Mauer und zieht Anna zu sich heran. Durch einen kleinen Spalt zwischen den Stoffen ihrer Kleider legt er die Kälte seiner alten professoralen Handflächen auf die Wärme der jungen studentischen Pobacken. Er wispert Anna einen Satz von Georges Bataille ins Ohr: »Der Sexualakt ist in der Zeit, was der Tiger im Raum«, ein Satz, dessen Bedeutung sich ihm nie ganz eröffnet hat. »Bis morgen«, antwortet Anna und verschwindet im Treppenhaus.

Es ist zum Auswachsen: Das Molekül Sildenafil, verstohlen eingenommen in Form einer bläulichen Pille, zeitigt in seinen Boxershorts seine völlig unnütze Wirkung.

Anna und Harry

Im dritten Stock eines Wohnhauses in der Rue des Francs-Bourgeois öffnet Harry, grauer Dreitagebart und Morgenmantel, Anna die Tür, die ihn gleich in ihr Zimmer zieht. Auf dem Weg reißt sie sich die Kleider vom Leib, und vollkommen nackt wirft sie ihn lachend aufs Bett. Anna flüstert ihm ins Ohr: »Weißt du was? Der Sexualakt ist in der Zeit, was der Tiger im Raum.« – »Ist das von dir?« – »Von Bataille«, antwortet Anna, bevor sie zärtlich an seinem Penis nagt. Bataille? Den kennt Harry nicht.

Einmal mehr stellt Harry fest, dass Anna seiner Frau nichts voraus hat, aber dass bei ihm ganz entschieden der Appetit beim Wechseln kommt.

Harry und Oriane

In einem angesagten Pariser Restaurant hat Oriane Harry in die immensen, mit Mosaiken und Azulejos gefliesten Toiletten verschleppt. Dort, auf der Brille aus Pinienholz sitzend, hat sie den Mann zu sich herangezogen. Sie hat ihm die Hose heruntergezogen, die Boxershorts, sie hat ihn auf den Bauch geküsst, seinen Hintern gestreichelt, seine Schenkel und spielt damit, seinen stehenden Rüssel zu streifen, wirklich nur zu streifen. Es ist noch keine Minute vergangen, und schon ist der übererregte Harry so weit, sie anzuflehen, endlich loszulegen.

Oriane ist versucht, Geld von ihm zu fordern, nur um seine Reaktion zu sehen. Schön, sagt sie sich, aber welche Summe wäre angebracht?

Oriane und Vincent

Die letzten Strahlen der Aprilsonne umschmeicheln die Statuen im Jardin du Luxembourg und spielen in Orianes grau meliertem Haar. Vincent und sie sitzen auf einer Bank und diskutieren brav über biblische Verbote, ja, das tun sie, aber eine beginnende und unkontrollierbare Erektion in Vincents Hose wird in ihm bald schon, das weiß er bereits, den Drang auslösen, sie küssen zu wollen. Er folgt seinem Schwanz, wie die Engländer so schön sagen. Denn zweifelsohne verfügt ein Mann nicht über genügend Blut, um gleichzeitig sein Hirn und sein Ding zu versorgen.

Vincent denkt sich zuweilen, dass er seine Partner gewiss sehr viel sorgfältiger aussuchen würde, wenn er eine Vagina anstelle eines Penis hätte.

Vincent und Chloé

Auf einem Perserteppich aus Ghom kopulieren in einer großbürgerlichen Wohnung Vincent und Chloé in jener Stellung, die Missionarsstellung genannt wird und derer sich auch die Bonobos befleißigen. Chloé zieht ihre Beine stark an, umklammert mit den Schenkeln Vincents Becken und lässt seinen Schweif noch tiefer in sie eindringen. Vincent beschleunigt den Rhythmus, eine scharlachrote Hitze strahlt von seiner Eichel, die sich an der Scheidenwand reibt, das köstliche Brennen dringt in seinen Bauch und lässt ihn jedes Maß vergessen.

Er will es nicht sagen, er will es nicht sagen, aber was soll's, es ist nun einmal so, er sagt es, Ich liebe dich, ich liebe dich. Er bereut diesen Ausrutscher umgehend, aber sein Lustempfinden ist darob nur noch intensiver.

Chloé und Johann

Sie sind das Schweigen der Welt
Auf meine Ohren gepresst
Ihre Schenkel

schrieb der große Dichter Teishi Hiro, dessen Werk Johann übersetzt. Seine Zunge erweist Chloés Genital die Ehre, und des Haikus poetische Behauptung findet umgehend Bestätigung. Chloés Vulva hat einen herzhaften, fast salzigen Geschmack. Der japanische Poet hätte die richtigen Adjektive zu benutzen gewusst, um die einzigartigen Geschmacksnoten des weiblichen Genitals zu beschreiben. Vielleicht hätte er auf das Wort *umami* zurückgegriffen, das sich leider nicht übersetzen lässt.

Was die Sinne angeht, so fragt sich Johann zudem, ob er, wenn er dereinst das Augenlicht verlöre, sich die Frage verkneifen könnte, ob die Frau, die er leckt, auch schön ist.

Johann und Qiu

Auf eines der romanischen Kapitelle in der Kathedrale von Autun hat der anonyme Künstler eine Flucht nach Ägypten gemeißelt. Die naive Darstellung, stellt Johann fest, bedeutet keineswegs Genauigkeit in der Ausführung. Neben ihm fährt Qiu, die noch nie einen so behaarten Liebhaber hatte, immer wieder fasziniert mit ihren schlanken Fingern über seine Brust. Dann folgt ihre Hand dem Weg der Behaarung, der hinunter auf den Bauch führt und, Überraschung!, noch tiefer bis in die Unterhose. Die Phantasmen sind für den Sex, was die Religion für die reale Welt ist, denkt sich Johann, ohne zu ahnen, dass er Karl Marx parodiert.

Er glaubt den Titel für sein Buch gefunden zu haben: Subjekt Phallus Objekt *(der Verleger wird den Titel mit dem Argument ablehnen, dass bestimmte Leserinnen es niemals wagen würden, in der Buchhandlung danach zu fragen).*

Qiu und Xavier

Tssssss tssss macht die nervende ägyptische Tigermücke. Ihr Gesumme erfüllt in überfallartigen Schüben die vibrierende Luft im Schlafzimmer, wo Xavier, die Nase tief vergraben in Qius Möse, der jungen Frau aufs Neue demonstriert, dass die Zunge, wie Boris Vian so richtig sagte, ein Sexualorgan ist, dessen man sich zuweilen für die Sprache bedient. Und fürs Essen, hatte – lange vor Bison Ravi – schon Hugo von Hofmannsthal bei Gelegenheit angemerkt.

Qiu errötet bei dem Gedanken, dass sie eines Tages als junge Französischstudentin einmal einen cumulo-nimbus cunnilingus genannt hat. Aber umgekehrt hätte es viel tollpatschiger gewirkt.

Xavier und Elvire

Auf der Terrasse eines Pariser Bistrots schlürft Xavier einen Monaco, Elvire eine Mandelmilch. Elvires Handy klingelt, sie liest die Kurznachricht, seufzt und verkündet, dass sie aufbrechen wird: Sie beugt sich zu ihm hinüber und flüstert ihm etwas ins Ohr. Er wird sich nicht an den genauen Satz erinnern, doch kamen darin, bunt durcheinander, die Wörter Eier, Schwanz, blasen, schlucken, Sperma vor. Elvire küsst ihn auf die Nasenspitze und geht rasch davon.

Weiß Xavier, dass manch einer 3,95 € die Minute ausgibt, um so etwas zu hören zu bekommen? Allerdings ist der Tarif degressiv.

Elvire und Laurent

Zwei Uhr morgens: Im Kabelfernsehen laufen in Endlosschleife die Programmankündigungen für den nächsten Tag. Laurent hat sich von hinten an Elvire geschmiegt und streichelt mit dem Finger ihre Klitoris, während er gleichzeitig einen Penis, der nicht steif werden will, in eine leicht gereizte Vagina einzuführen versucht. Sie haben sich an diesem Abend schon so oft geliebt, dass dieser Versuch durchaus scheitern könnte. Eine falsche Bewegung, die Fernbedienung fällt zu Boden und schaltet auf einen Pornofilm, dessen Darsteller entschieden besser in Form sind.

Wo hat Elvire gelesen, dass der Pornofilm die Menge an Ärschen, die man in einem Leben zu sehen bekommt, um das Vierhundertfache vermehrt hat? Andererseits, so sagt sie sich, liegen 63 Prozent aller Statistiken falsch.

Laurent und Sofia

Bei brüllender Hitze liegen Laurent und Sofia auf einer Baumwollsteppdecke in einer Zweizimmerwohnung in Malakoff, deren Mobiliar aus einem schwedischen Einrichtungshaus stammt, und reiben ihre gelenkigen und feucht glänzenden Körper aneinander. Laurent findet Sofia sehr aufregend, aber auch, dass sie wie ein Radrennfahrer nach Schweiß riecht. Plötzlich entwindet sie sich, gleitet zu seinem Stecken hinunter, den sie fest greift und energisch saugt. Zu ihrer beider Überraschung kommt er schon nach wenigen Sekunden in ihrem Mund, wobei das Sperma mit der Geschwindigkeit einer Drohne herausschleudert.

Sofia erklärt ihm, dass ihr Zungenpiercing die Empfindlichkeit des Partners bei der Fellatio erhöht. Laurent ist daraufhin leicht desorientiert.

Sofia und Zach

Auf dem Teakholzdeck einer eleganten Ketch liegend hat Sofia ihre gebräunten Schenkel leicht gespreizt. Vom ruhigen Seegang der Ägäis gewiegt, überlässt sie sich ganz Zach, der mit leichtem, aber präzisem Finger ihre Klitoris streichelt. Da Zach an Sofias Atmung spürt, dass sie unmittelbar vor dem Höhepunkt steht, flüstert er ihr Batailles Apophthegma ins Ohr: »Der Sexualakt ist in der Zeit, was der Tiger im Raum«, ein Satz, den er immer noch nicht verstanden hat. Sie wiegt wohlwollend Zachs Penis in ihrer Hand.

»Das nennen Sie einen Tiger?«, lautet Sofias kurze Entgegnung; sie ist verspielt oder brutal, wie man's nimmt. Wer sagte doch, denkt Zach, dass Sechziger was mit Sex zu tun haben soll?

Zach und Galata

Martial schreibt in seinen *Epigrammen*: »*Nemo est, Thai, senex ad irrumandum* (niemand ist zu alt, Thai, um sich einen blasen zu lassen).« Gewiss, aber auf der Terrasse dieser wunderbaren Villa im Lubéron bleiben all die löblichen Anstrengungen Galatas ohne jede Wirkung auf Zachs Glied, das eher einer Nudel als einem triumphalen Totem gleicht. Sie küsst ihn noch einmal, dann springt sie in den Pool (in Form einer Gitarre), während Zach, um die Atmosphäre zu entspannen, den Witz von dem neuen Medikament erzählt, »Viazac, kennst du das?«

Das ist halb Viagra™ und halb Prozac™: Du kriegst keinen hoch, aber es ist dir egal. Galata lächelt freundlich; den kannte sie schon.

Galata und Niels

In der Sauna, die Niels in seine Wohnung in Soho hat einbauen lassen, hält Galata ihren vor Schweiß nur so perlenden Hintern dem jungen Mann entgegen, der ihn streichelt, küsst und nach einigem Zaudern die beiden Pobacken öffnet, um mit der Zunge durch die Ritze zu fahren, dann die Kimme leckt, das Bonbon, das Bullauge, den Künstlereingang, die Mokkastube, den Abendstern, die Rosette, das Schattenmaul, kurz jene violette Nelke, die Rimbaud einst besang.

Wenn mein Sexualleben ganz offen zutage träte, sinniert Niels, wäre alle Welt zu Tode erschrocken. Er kann sich zwar denken, dass sich ein jeder genau dasselbe sagt, aber das beruhigt ihn keineswegs.

Niels und Ursula

Das Kloster, das das große Erdbeben von Lissabon im Jahre 1666 überstanden hat, ist nunmehr ein bezauberndes Hotel. Im sogenannten »Ambassador«-Zimmer hebt sich Ursulas schokoladenbraune Haut von den weißen Bezügen des Baldachinbettes ab. Ihre dunkle Hand fährt über Niels' schon etwas lichtere Stirn. Sie stammt aus Kalifornien und erklärt ihm, dass das Wort von *calor*, Hitze, und *fornia*, *fornicatio*, also Unzucht, stammt und also *hot sex country* bedeutet. Niels meldet leichte Zweifel an.

Schön, aber als er ihr erklärt, dass die Avocado *genannte Frucht ihren Namen aus spanisch* aguacate *herleitet, was seinerseits auf* ahuacatl *in der Sprache der Maya verweist und so viel wie Hoden heißt, glaubt sie ihm auch nicht.*

Ursula und Ben

Auf einem zitronengelben japanischen Motorrad rasen Ursula und Ben durch die Nacht Richtung Bâton Rouge. Ursula sitzt rittlings hinter Ben und umschlingt ihn mit ihren Armen. Mit einem Mal streift sie ihre Handschuhe ab, knöpft seinen Hosenschlitz auf und beginnt, seinen Stecken zu streicheln, wobei sie sich über die Gefahren und Hemmnisse, die der Situation und ihrer Sitzstellung innewohnen, einfach hinwegsetzt. Wie auch immer, sie erreicht, was sie wollte. Es ist das erste Mal, dass Ursula einen Mann als Partner hat, der genauso schwarz ist wie sie selbst, aber natürlich haben um diese Tageszeit und von dort aus, wo sie sitzt, alle Schwänze die gleiche Hautfarbe.

Die Stellung ist für Ben nicht gerade günstig, der ohnehin schon unter einem wenig rationalen Komplex leidet, der ihn dahin gebracht hat, im Internet einen penis enlarger *zu erwerben (ist übrigens der reine Beschiss).*

Ben und Irma

Irma gibt gerne zu, dass die Idee ein wenig verrückt ist. In der Abenddämmerung hat sie Ben auf das Zinkdach ihres Hauses am Montmartre geschleppt. Dort betrachten sie auf einem Plaid liegend die Lichter der Pariser Nacht. Der Wind hebt den Baumwollrock an, gibt den Blick frei auf die rosigen und nackten Pobacken, zwischen die Ben vorsichtig zunächst einen, dann zwei Finger schiebt. Irma stöhnt und stützt sich auf, um sich ihrem Geliebten besser darzubieten. Ben hat das vage Gefühl, dass dies nicht der richtige Moment ist zuzugeben, dass er nicht schwindelfrei ist.

Diese ganze Inszenierung, denkt Irma, ist etwas übertrieben. Außerdem: Wenn man ein sexuelles Phantasma teilt, ist es dann noch ein Phantasma?

Irma und Philippe

Auf dem verschneiten Balkon eines Chalets in Zermatt versucht Philippe in Unterhose und dicken Socken unter der Gebirgssonne nahtlos zu bräunen. Irma fährt mit der Hand an seinem anschwellenden Genital auf und nieder. Vor Philippe hat sie noch nie einen beschnittenen Mann gehabt, und sie wundert sich über das ganz eigene Gewebe der Haut über der Eichel. Ganz leise, sodass Philippe es nicht hören kann, flüstert sie seinem Penis plötzlich etwas zu: Letzterer traut seinen Ohren nicht.

Irma zitierte einen Satz von Mao Zedong: »Es gibt keine geraden Strecken auf der Welt.« »Desgleichen für die Stecken«, versetzte zuweilen Jiang Qing, seine Frau.

Philippe und Wendy

Extraschicht im Büro: Wendy musste ihre sonntägliche Partie Squash mit Karin absagen. Aber mit der technischen Übersetzung – die eigentlich dringlich ist – kommt sie kaum voran. Philippe presst die junge Praktikantin gegen das dicke Glas der Fensterwand, von der aus man Neuilly und die Seine überblickt. Nachdem er ihren Hintern durchwalkt hat, ist er mit der Hand in den Baumwollslip gefahren bis zu ihrer weichen, blonden Behaarung. »Hintern, Schwanz, Finger, komme, was da wolle«, pflegte Prévert zu sagen. Aber es kommt nicht viel, denn die Klitoris, in einiger Entfernung von Philippes Mittelfinger, ist von scheuem Naturell.

Wendy ringt sich dazu durch, ihm zu helfen. Für Tölpel ist beim Sex die Klitoris so etwas wie Rubiks Zauberwürfel: Sie fummeln stundenlang daran herum und kommen doch nicht weiter.

Wendy und Dennis

Das elektrische Garagentor hat sich automatisch geschlossen. Wendy hat gleich protestiert: »Ich bumse nicht auf dem Vordersitz einer Karre«, aber Dennis hat geantwortet: »Okay, dann gehen wir auf die Rückbank«, und dieses Argument hat die prinzipiellen Vorbehalte der hübschen Brünetten beiseitegefegt. Dort also, auf der mittleren Armlehne, muss sie seine Attacke über sich ergehen lassen. Er nimmt sie energisch von hinten, Bauch gegen Pobacken. Sie beißt zunächst ins Leder, dann beginnt sie zu schreien, obwohl das Wort brüllen angebrachter wäre.

Immer dieses Geschrei, dieses überflüssige Geschrei, darüber kann Dennis sich noch mehr aufregen als über Leute, die im Theater schwätzen.

Dennis und Katia

Unter einem Bild, das quasi ein Stendhal'sches Anagramm von Jean Dupuy darstellt, testen Katia und Dennis die Stabilität eines Clubsessels. Die angehende Dame lässt sich, mit über die Armlehnen gespreizten Beinen und ohne den Rock ihres Kostüms abgelegt zu haben, von dem jungen Mann nehmen, der seine Hosen einfach nur bis auf die Knöchel heruntergelassen hat. Zum ersten Mal erlebt Katia, wie ihre Angst, einen alternden Körper zu entblößen, über ihre Lust, ihren Geliebten zu erregen, obsiegt. Sie lässt ihren Tränen freien Lauf, Schreckenstränen.

Erst einige Zeit später weist Katia Dennis darauf hin, dass auch Papiros ein Anagramm ist: auf Priapos.

Katia und Rémi

Ein wenig verloren wirkend auf dem Kingsize-Bett, das von chinesischem Mobiliar umstellt ist – falsche Antiquitäten aus Zeiten der Quing-Dynastie, die in Hongkong erstanden worden sind –, hebt Rémi im Knien Katias Hüften hoch, die mit gespreizten Beinen auf dem Rücken liegt. Nachlässig baumelt der Penis zwischen seinen Schenkeln. Es bräuchte nur wenig, um dem Tier wieder auf die Sprünge zu helfen, und Rémi sucht in Katias hübschen runden Brüsten einen Quell der Erregung. Zu wissen, dass sie dem Silikon einiges zu verdanken haben, trägt leider zur Trübung seiner Libido bei. Er atmet plötzlich heftiger, ringt nach Luft.

Zum ersten Mal stellt Katia fest, dass das Wort Orgasmus sie immer an das Wort Oger erinnert hat, aber nie an das Wort Asthma.

Rémi und Yolande

Im Schwesternzimmer Nr. 12 der Klinik »Robert Debré« liegt ein leichter Ätherduft. In der Ferne hört man das sanfte Dröhnen der Ringautobahn. Auf dem Krankenhausbett mit Metallgitter dringt Rémi, die Nase im Kopfkissen, tief und regelmäßig mit immer rascheren Stößen in Yolandes Leib, in dem er sich mit einem langen Stöhnen entlädt. Ihr ist es nicht gekommen. Sanft streichelt ihre Hand über Rémis hohe Stirn. Sein Herz rast wie wild, wie es in gewissen Romanen heißt.

Ist es der Äther? Ihm ist leicht schwindelig. So würde Rémi gerne sterben; Yolande fände es widerlich, wenn er auf diese Weise stürbe.

Yolande und Farid

In einem Mansardenzimmer, das auf einen Pariser Innenhof hinausgeht, gibt der Wasserhahn über dem Waschbecken ein regelmäßiges Plopp-plopp von sich. Auf dem zerwühlten Bett liegend streichelt Farid die Hand einer schlafenden Frau mit reifem Gesicht und hübschen Fältchen. Wie ich der in die Spitzen gefahren bin, die Rosette gepflockt, die Zwetschge gezuzelt, im Vogelhaus gezwitschert und am Bonbon gelutscht habe, der Yolande, sagt sich Farid, dem es (auch ihm) an Zuneigung fehlte.

So gesagt, denkt sich der junge Linguist, sieht das natürlich gleich ganz anders aus.

Farid und Mina

Die Gewitterwolken sind schließlich geplatzt und warme Tropfen kräuseln den Pool der Villa oberhalb des Golfs von Sperone. Mina ist zu Farid hinübergeschwommen, der auf der gekachelten Treppe sitzt. Ohne aus dem Becken zu steigen, greift sie nach seinem Schwengel und presst ihn zwischen ihre Brüste, wo er an Kraft und Ausdehnung gewinnt. In dieser Stellung, der sogenannten Notarskrawatte, bewegt Mina sich ganz langsam über der Eichel hin und her und schnellt zuweilen amüsiert mit der Zunge über die Urethra. Farid weiß, dass es ihm trotz der Missbilligung seiner ununterdrückbaren inneren Stimme kommen wird.

Mencken hatte recht, sinniert Farid: Der Puritanismus ist die entsetzliche Angst davor, dass irgendwo irgendjemand glücklich sein könnte. Sich selbst eingeschlossen.

Mina und Terence

Mina liegt nackt auf dem Bett und scheint zu schlafen; ihre schlanke Hand ruht reglos auf Terence' muskulösem Hintern. Er spielt mit einer Strähne ihres braunen Haars, bewundert die Proportionen der jungen Frau, den sinnlich matten Glanz ihrer Haut. Er streckt die Arme aus, schlägt die Vorhänge zurück, aber nicht ganz, damit sie im besten Licht erscheine. Er öffnet das Fenster, und die ganze Welt aus Lärm und Geschrei, die Marseille ausmacht, bricht ein ins Zimmer. Er legt sich neben sie.

Jetzt, lässt sich Terence' Stimme vernehmen, zähle ich bis drei, schnipse mit dem Finger, und alles, woran du dich erinnern wirst, ist, dass man es dir noch nie so gut besorgt hat.

Terence und Anna

Unter dem Vorwand, sich vor der atlantischen Sonne zu schützen, hat Anna Terence in ihr Kuppelzelt aus Polyester eingeladen, ein Material, das angeblich eine bessere Durchlüftung gestattet. Und doch fährt sie in klebrig feuchter Hitze mit flinker Hand an seinem steifen Penis auf und nieder. Sie ist, wie Terence, eine Freundin des *Birdwatching* und gesteht ihm, ohne von ihren energischen Bemühungen abzulassen, ihre Vorliebe für die Gebirgsstelze (*moticilla cinerea*), die einen so außerordentlichen Schweif hat. Terence' Ejakulat spritzt aufs Polyester und auf Annas Haar.

Das wird eine schöne Erinnerung sein, sagt sich Terence, es sei denn, das Ganze nimmt noch eine schlechte Wendung: Manchmal schmecken auch die schönen Erinnerungen bitter.

Anna und Laurent

Die Duschen auf dem Campingplatz in den Vallées des deux Leyres hallen wider von Annas (immerhin) unterdrücktem Stöhnen. Ohujaaajaa, mmmhh, waajaaammh – Onomatopoiea widerstreben jeder Transkription. Vornübergebeugt stützt sie sich mit der linken Hand an der Kachelwand ab und presst mit der rechten Laurents Eier zusammen, der sie von hinten nimmt. Sie hatte keine Zeit mehr, die Haare auszuspülen, und ein Flöckchen Shampoo sticht ihr ins Auge. Sie murmelt »Terence«, und Laurent fragt: »Wo brennt's?«

Plötzlich schleicht sich eine streunende Katze durch die Tür, fauchend und mit gesträubtem Fell. Laurent, in seiner Nacktheit überrascht, fragt sich, was das Tier wohl genau vorhat.

Laurent und Wendy

Die kleine rote Leuchtanzeige *Fasten seatbelt* ist erloschen, der Airbus Berlin–Chicago verfällt wieder in sein beruhigendes Surren. Unter einem grau-roten Plaid der Lufthansa tun Wendy und Laurent so, als seien sie, er hinter ihr, eingeschlafen. Sie hat ihren Slip abgestreift, ihren Rock hochgezogen, Laurents Hosenschlitz geöffnet und versucht seinen enorm harten Penis in ihre Vagina einzuführen. Die Stewardess weiß, wie man wegschaut. Bei dieser Frau, denkt Laurent, habe ich das Gefühl, eine Zigarre zu sein, die mit einem Feuerzeug schläft.

Nach zahlreichen Multiplikationen auf der Basis von Zentimetern, Frequenzen und anderen intimen Parametern hat Laurent errechnet, dass sein Penis in zwanzig Jahren insgesamt 21,5 Kilometer in weiblichen Körpern zurückgelegt hat.

Wendy und Harry

»*Yes! Yes! Yes!*«, brüllt Wendy, dieweil sie von Harry unter den Dachbalken ihrer Zweizimmerwohnung im Marais aufgespießt wird. Die Füße auf dem Betttuch aus rohem Leinen, die Arme weit hinter sich, pflockt sie sich heftig auf Harrys breitem, hartem Unterleib auf. Er streichelt ihre gespannten Schenkel und bewundert diesen jugendlichen, muskulösen Körper. Sie federt auf und nieder und wiederholt unablässig: »Oui! Oui!«, diesmal auf Französisch. Harry, der sich geschmeichelt fühlt, weil sie nunmehr in diesem Idiom zu schreien vorzieht, hätte trotzdem gerne, dass sie eine andere Platte auflegt, und ist kurz davor ihr zu sagen: »Ja, was?«

Jedes Mal, wenn ich mit diesem Mädchen schlafe, habe ich das sichere Gefühl, sagt ein schweißgebadeter Harry, dass mir eine Schaufel Erde auf den Kopf fällt.

Harry und Sofia

»Harry, hast du noch die Tampons?«, ruft Sofia aus dem Badezimmer mit einer Stimme, die die halbe Rue des Francs-Bourgeois aufweckt. Es ist keine wirkliche Frage, denn sie kommt zurück und wirft sich, ohne sich zu zieren, mit gespreizten Beinen bäuchlings aufs Bett. Harry küsst ihre Pobacken, die sie noch nicht abgetrocknet hat. Ein weißer Kerzendocht (oder eine Lunte) schaut nunmehr aus ihr heraus. Harry erinnert sich an einen längst vergessenen Ausdruck. Er lächelt: »Die Cataminis …«

»Das ist ein Wort aus dem sechzehnten …«, erklärt er. Und Sofias perplexen Gesichtsausdruck wahrnehmend, die bis vor Kurzem noch in La Muette, Paris XVI°, gewohnt hat, präzisiert er: »… aus dem sechzehnten Jahrhundert – und kommt aus dem Griechischen katamenia.«

Sofia und Dennis

Die Erinnerung an eine Szene aus dem Film *The Postman Always Rings Twice* von Bon Rafelson, in der Frank (Jack Nicholson) Cora (Jessica Lange) auf dem Küchentisch nimmt, wirkt vermutlich stimulierend auf Dennis, während er Sofia am gleichen Ort auf dem gleichen Möbel sodomisiert. Sofia, von dieser Art der Penetration erregt, ohne dass sie ihr jedoch ein Lustempfinden bereitete, reibt sich immer heftiger ihre Klitoris. Auf dem Etikett des Olivenöls steht »Extra Vergine, kalt gepresst«, aber das tut nichts zur Sache.

Dennis schießt plötzlich durch den Kopf, dass, wenn er eine Gottesanbeterin wäre, sich das Weibchen in genau diesem Moment umdrehen und ihm den Kopf abbeißen würde. Ihn schaudert.

Dennis und Oriane

Die Estufa Fria in Lissabon hallt wider vom melodiösen Gesang der *arae ararauna*, die hoch oben im Geäst der *monstrae deliciosae* nisten. Am hinteren Ende eines von *eichhorniae crassipes* in Beschlag genommenen Beckens und vor indiskreten Blicken von den breit ausladenden Blättern eines Waldes von *dicksoniae antarcticae* und *pteridiae aquiliniae* geschützt, hat Dennis Orianes Schnürrock hochgeschoben. Sein *phallus erectus* dringt *a tergo* in die *vagina lubrificata* der Frau ein, und die Ausdünstungen ihres *coïtus more canino* (der bald schon ein *interruptus* sein wird) vermischen sich mit den exotischen Düften der Proust'schen *cattleyae.*

Ein paar Tage später wird Oriane feststellen, dass die Chlamydien, die ihr Dennis geschenkt hat, keine Zierpflanzen sind.

Oriane und Zach

Zach und Oriane nutzen den Nebel und die acht kurzen Minuten der Seilbahnfahrt von Montriond hoch nach Avoriaz und haben im Handumdrehen und schon ganz in Wallung ihre Skianzüge der Marke Fusalp™ geöffnet, die ihnen wie die Bananenschalen auf die Skischuhe gefallen sind. Oriane streckt Zach ihren Hintern entgegen, Zachs steifes Glied dringt in ihre empfangsbereite Vagina. Hin und wieder rührt das eisige Metall des Reißverschlusses an Orianes Haut, was sie erzittern lässt. Beider Atem gefriert an den Scheiben der Kabine.

Zum Glück habe ich etwas gegen Analverkehr, sinniert Oriane, denn andernfalls ließe ich mich jetzt gewiss sodomisieren, und ich hasse das.

Zach und Katia

Katia steht auf und gesellt sich zu Zach, der am von Weinlaub umrankten Fenster lehnt. Wäre es nicht schwärzeste Nacht, könnte man die Aiguille creuse sehen, die »Hohle Nadel«. Sie schmiegt ihren Kopf an seine Schulter, und ihre Hand gleitet hinab zu seinem Schwanz, der unter ihrem sanften Druck anschwillt. Den Namen der kleinen bläulichen Pille (die, zu Zachs freudiger Überraschung, heute Abend ihr zweites Wunder wirkt), diesen Namen will man sich also ausgedacht haben, weil er wie viril anfängt und wie Niagara endet. Der Name eines Wasser*falls*, um eine Erektion auszulösen. Was für eine aberwitzige Idee.

»›Das Glied und das Herz sind die beiden Organe, die sich von selbst bewegen‹«, sagte Aristoteles«, säuselt ihm Katia ins Ohr. »Das war wahrscheinlich der junge Aristoteles«, antwortet Zach.

Katia und Vincent

Vincent schläft. Er schnarcht sogar ein wenig. Sein regelmäßiger Atem bläst unter Katias brünettes Haar, lautlos steht sie auf. Sie betrachtet diesen großen jungen Mann, der sie nicht zum Höhepunkt gebracht hat, dieses Zimmer mit den altrosa Wänden, das sie leid ist. Ihr kommt dieser Satz eines Komikers wieder in den Sinn: Nach der Liebe schläft einer von zehn Männern auf der rechten Seite ein, einer von zwanzig auf der linken, die anderen ziehen sich wieder an und gehen nach Hause. Sie seufzt, zieht sich leise an und beschließt, den Abwasch zu machen.

Zwei Stunden in der Küche, und dann das. Das macht wie viel? Eine Minute Sex pro Viertelstunde Zubereitung. Die Kochzeit nicht mitgerechnet.

Vincent und Galata

Das Sommergewitter hat die beiden Radfahrer überrascht: Triefend nass haben Vincent und Galata in der erstbesten Scheune Unterschlupf gefunden. Während rings um sie her ihre Kleider trocknen, dringt Vincents Zunge ganz sanft in Galatas braunes Vlies. Die immer noch intakte Festigkeit und Frische des Körpers dieser reifen Frau überraschen ihn. Sie ist, um wie Queneau zu sprechen, auch von achtern nicht zu verachten.

Wie sollte man sagen: Der Cunnilingus ist diabolisch süß oder der Cunnilingus ist himmlisch scharf? Galata entscheidet sich für diabolisch, Vincent auch, wegen des Nachgeschmacks.

Galata und Rémi

In der Intimität der Ankleidekabine eines großen Lyoner Warenhauses probiert Galata ein eher streng geschnittenes Kostüm an. Der Rock schmiegt sich ihren Hüften perfekt an, ein Beweis dafür, dass sie immer noch die »ideale 36« ihrer jungen Jahre misst. Sie ist fast nackt, eine Bewegung des beigen Baumwollvorhangs lässt Rémi einen Blick auf ihre langen Beine erhaschen. Er betritt die Kabine, packt ihre festen Brüste, ihre gebräunten Hüften, sie küsst ihn, greift ihrerseits nach seinem Ständer, den sie in sich einführt. Sie brüllt auf vor Lust, er spritzt fast gleichzeitig ab.

Natürlich ist das nur ein Wachtraum, der Rémis masturbatorische Anstrengungen unterstützt. Denn niemals hat er es gewagt oder wird er es wagen, seiner Tante zu gestehen, dass er sie seit seinem zwölften Lebensjahr begehrt.

Rémi und Chloé

In einem Maschinenraum, hinter dessen schmutziger Dachluke sich der Bergfried eines Märchenschlosses abzeichnet, hat Mickey den Kopf mit den runden Ohren abgestreift und kniet vor Schneewittchen. Die Prinzessin hat ihren Rock gelüftet und stützt sich mit einem Bein auf einer Fußbank ab. Rémis Gesicht ist versunken in Chloés Gebüsch, seine Hände pressen ihren zarten Hintern zusammen, und seine Lippen arbeiten sich auf der Suche nach der kleinen rosa Perle vor durchs feine Haar ihrer Muschel. Unten auf der Hauptstraße spielt ein Blasorchester eine Mélodie aus den *Aristocats.*

Der Offizier mit dem vernarbten Gesicht betritt in Uniform den leeren Raum, in dem sie ganz nackt ist. Er tritt auf sie zu, berührt sie am Hals. Das wird Chloé sich wohl erzählen, damit es ihr endlich kommt.

Chloé und Niels

Über dem Strand von Boucan Canot auf der Insel Réunion steht die Sonne im Zenit, und die Pheromone, die von den (unter den Achseln sitzenden) *glandulae sudorificae apocrinae* der brünetten Chloé verströmt werden, stimulieren, im Verein mit der euphorisierenden Wirkung der Meeresluft, Niels' Libido. Sein Hirn stößt mithin eine hinreichende Dosis Phenethylamin aus, die ihn dazu anregt, Chloés kleine Brüste zu streicheln. Diese zieht ihn gleich mit sich in den Indischen Ozean, wo sie, inmitten der Wellen, seinen Penis fest umgreift und ihm rasch einen runterholt.

Kurz darauf bewirkt ein massiver Ausstoß von Endorphinen, dass Niels einschlummert. Er wird diesen verflixten Sonnenbrand, den er sich auf dem Strand von Boucan Canot geholt hat, so schnell nicht vergessen.

Niels und Yolande

Sehr schön, die Vernarbung ist fast abgeschlossen, erklärt Yolande, während sie ganz behutsam und professionell die Naht an Niels' Penis abtastet. Es wäre eher angebracht, sich medizinischen Fragen als dem Vergnügen zu widmen, aber die Situation, die so gespannt ist wie der weiße Kittel über ihren schweren Brüsten, lässt das rekonvaleszierende Organ anschwellen. Niels atmet schwer. Yolande gestattet sich einige lange Sekunden des Betastens, bevor sie Niels rät, die Hose wieder hochzuziehen. Geniert und unter Schwierigkeiten verstaut er sein Gerät.

Sein Blick ruht auf Yolandes Namensschild. Sie lacht und sagt: »Ich weiß, das Foto ist schon so alt, dass ich darauf jung aussehe.« Er errötet.

Yolande und Johann

Einen Furz, der deinem Hintern entfährt, fängst du nie wieder ein, besagt das Sprichwort eines großen, weisen Volkes. Derjenige, der Yolande in dem Moment entfährt, da Johanns Rute tief in sie eindringt, ist eigentlich unüberhörbar. Aber im Fernsehen blökt schon die Reklame, der laute Dieselmotor eines Müllwagens lässt die Fensterscheiben vibrieren, und so wird diese Flatulenz mit keinerlei Wort bedacht. Und außerdem ist dies wirklich nicht der Moment, sich ablenken zu lassen.

Wie hätte Teishi Hiro geschrieben?, fragt Johann sich in petto.

Ein frecher Freudenfurz
Ward beim Eintritt mir zum Gruß
Wildes Lachen

Johann und Ursula

Zunge oder Lippen/ was macht sie nur/ mit meinem Schweif?, sagt der bekannte Dichter, und Johann fragt es sich. Die Antwort lautet »Lippen«, aber Ursula drückt abermals auf die Spraydose (Schlagsahne, 0 Prozent Fett) und zeichnet ein paar schneeige Spiralen auf seinen Penis. Und abermals leckt sie an ihm, schluckt sie die Sahne, und ihre Zunge gleitet hinunter bis zu den Hoden, sie saugt zuerst an dem einen, dann, ganz vorsichtig, an dem anderen. Ihr wäre es recht, wenn er jetzt bald käme, denn langsam wird ihr etwas übel.

Weiß Johann, dass auf der Suchmaschine Google 2.890.000 Seiten abgerufen werden können, die das Wort »Fellatio« enthalten, davon eine, die (irrtümlich) auf eine Gestalt bei Shakespeare verweist?

Ursula und Farid

Auf dem 16-Zoll-Flachbildfernseher schiebt ein sichtlich erregter männlicher Krake seinen mit Spermatophoren gefüllten Hectocotylus in die Mantelhöhle eines nur halbwegs einverstandenen Weibchens. Der Fernseher steht einem großen Bett gegenüber, auf dem Farid an Ursula eine weitgehend ähnliche Handlung vollzieht, auch wenn es ihm dabei keineswegs um den Fortbestand der Art geht. Ursula ist abgelenkt, es gelingt ihr nicht, den Kommentar des Tierfilms zu überhören.

Sie sagt sich auch, dass, alles wohl bedacht, die Ausstattung der neuen Fußgängerzone wirklich ganz ganz super ist.

Farid und Qiu

Das Wohnmobil hat auf einem Feldweg mitten in der Garrigue angehalten. Das Blech scheint unter der Hitze zu vibrieren. Auf der unteren Liege befeuchtet Farid, der sich hinter Qiu gequetscht hat, mit einem Nüsschen eines rosafarbenen Gels seinen Schwengel und versucht, in den Anus der jungen Frau einzudringen. Bist du sicher, dass du das auch willst?, fragt er sie abermals. Sie nickt hechelnd, ihre Haut riecht nach Chlor und Moschus. Wenn man so hübsch ist, sagt sich Farid, dann ist man im Leben auf Rosen gebettet. Qiu denkt in diesem Moment das genaue Gegenteil.

Ein idiotischer Gedanke schießt ihr plötzlich durch den Kopf. Diese Gleitcreme ist gewiss an Tieren getestet worden. Aber wie?

Qiu und Ben

Ein kleines gelbes Rechteck an der Fassade dieses *Formule 1*-Hotels will einfach nicht erlöschen. In Zimmer 215 ist der mittlere Brennwert eines fünfzehnminütigen physischen Liebesakts (70 Kcal) längst überschritten. Seit fast einer halben Stunde hält die geschmeidige Qiu ihre Beine hoch gespreizt, während Ben rhythmisch in sie eindringt, was ein Beobachter auch für Liegestütze halten könnte. Qius Vagina ist längst schon ein sanftes Brennen, als Ben endlich kommt und über ihr zusammensackt.

Auch wenn sie von Gefühlen überwältigt ist (so die ausgeleierte Formel), so geht Qiu unter Bens Gewicht doch die Luft aus, und sie fragt sich, ob sie es ihm gleich sagen soll oder ob es ihr gelingt, noch ein paar Sekunden zu warten.

Ben und Mina

In dem großen Ankleidezimmer neben dem Schlafzimmer auf der ersten Etage hat Ben, dem die Hose seines Smokings auf die Knie heruntergerutscht ist, mit dem Rücken an der Wand lehnend die so leichte Mina hochgehoben, die ihren rot durchwirkten Rock bis auf die Taille hochgerafft hat, sodass ihre Hüften nackt sind. Mit ihren Armen, ihren muskulösen Schenkeln umklammert sie Ben, der sie ganz langsam nimmt und mit seinen kräftigen Händen an ihrem kleinen Hintern packt. Vom Erdgeschoss dringt Art Tatums *You took advantage of me* nach oben und gibt den Takt der langsamen Penetration vor. Gleich werden sie sich erneut nach ihren Vornamen erkundigen.

Hätte sie Mark Twain gelesen, könnte Mina von sich behaupten, dass sie, wie Eva, mit dem erstbesten schläft.

Mina und Xavier

Der zweite Akt von *Tosca* hat gerade begonnen: Cavaradossi (Vincent Balmer, nicht in Bestform) stimmt, zerrissen, aber doch begeistert über Napoleons Sieg bei Marengo, eine Hymne auf die Freiheit an. In der Dunkelheit einer Loge rechts der Bühne hat Mina Xaviers steifen Penis fest im Griff, dessen Vorhaut sie vor- und zurückzieht. Dann hat sie die gute Idee, dem Genital ihren Handschuh überzustreifen und mit ihren Hin- und Herbewegungen fortzufahren. Stöhnend ejakuliert Xavier in genau dem Moment ins Leder und die Seide, da Tosca (Rose Singer, von packender Emotionalität) den niederträchtigen Scarpia (Giovanni d'Arezzo, wie immer großartig) ersticht.

Xavier fragt sich, ob sie sich jetzt weiterhin siezen werden.

Xavier und Irma

Mist und noch mal Mist, Xavier geht das Lied der *Frères Jacques* einfach nicht mehr aus dem Kopf, das er heute Morgen auf France-Culture gehört hat, *Die Ärsche*: »Es gibt dicke/ Es gibt platte/ Es gibt spacke/ Es gibt slacke/ Ärsche, Ärsche, Ärsche«. Er öffnet die Tür zum Wartezimmer, Irma steht auf und tritt trotz der Proteste der wirklichen Patienten ein, verriegelt die Tür hinter sich, lässt ihren wollenen Rock fallen, greift nach Xaviers Händen und legt sie auf ihren, was schon?, nackten Arsch. Das Ganze hat nicht mehr als zehn Sekunden gedauert.

Fürwahr, sinniert Xavier, seit ich diese Frau kenne, ist mein Leben leichter geworden und meine Tage komplizierter.

Irma und Terence

Cunnilingus, dann Fellatio, dann Penetration, dann Orgasmus (nicht immer) ... Terence denkt darüber nach, wie sehr Foucault doch recht hat: Die Sexualität ist reichlich monoton. Aber Monotonie ist keine Entschuldigung für Routine, und Terence will Irma heute nur streicheln. Mit dem Mittelfinger spreizt er ihre Schamlippen auseinander und berührt sie nur ganz leicht, ganz ohne Hast. Er legt sich mit dem Ohr zwischen ihre Brüste mit den erigierten Warzen, lauscht ihrem Herzklopfen, achtet genau auf die Beschleunigung des Pulsschlags, befolgt dessen Anordnungen bis zum Orgasmus.

Es ist kurios, aber Terence spürt genau, dass sie, wenn er sich nur auf sie konzentriert, sie nicht miteinander schlafen, sie aber am meisten miteinander teilen.

Terence und Elvire

Es könnte eine Studentenbude sein: Die Matratze liegt direkt auf dem Boden, die Laken sind zerknittert, überall liegen Bücher herum. Elvire hat sich unter Terence geschoben, hat seine Gürtelschnalle gelöst, seine Hose und Unterhose heruntergestreift und seinen Schwengel in den Mund genommen, der nach und nach ihren ganzen Mundraum ausfüllt. Er hat ihren Rock hochgehoben, ihre Schenkel auseinandergebogen, und seine Zunge leckt diese Möse, die er in- und auswendig kennt. Mit dem Arm schiebt er ein Buch vom Bett, das sich auf Seite 67 öffnet. Schade.

Das Genital einer Frau ist, Leonardo da Vinci zufolge, im Verhältnis dreimal größer als das einer Kuh. Das ist ziemlich bescheuert, sagt sich Terence: im Verhältnis zu was?

Elvire und Philippe

Auf einer Treppe der Rue des Saules auf dem Montmartre erklärt Elvire Philippe, der auf der Stufe unter ihr steht, dass im *Kama Sutra* zwischen drei Arten von Küssen unterschieden wird: dem gemessenen, dem zuckenden und dem stoßenden. Der gemessene Kuss ist der einfache Kuss auf den Mund. Um den zuckenden Kuss zu erklären, nimmt Elvire Philippes Unterlippe fest zwischen ihre Lippen und zieht sie saugend in ihren Mund. Und um schließlich den stoßenden Kuss vorzuführen, berührt sie Philippes Lippe mit ihrer Zunge, schließt dabei ihre Augen und hält mit beiden Händen Philippes Augen zu.

»Philippe!«, lässt sich plötzlich die gellende Stimme einer Frau vernehmen, die Philippe, wer sonst, nur zu gut kennt, was der Vorführung ein rasches Ende bereitet.

Philippe und Anna

Es ist ein großer, namenloser Wald. Auf einem Plaid liegend treiben Anna und Philippe es im Unterholz. Es ist schön, es ist warm. Ein flatterhafter Zephyr weht kühl über ihre nackten Hintern. Philippe macht die Feststellung, dass es mit dem Sex vielleicht wie mit dem Swing bestellt ist: Wirklich gut ist er nur dann, wenn man in dem Moment, in dem man ihn spielt, nicht darüber nachdenkt, wie man ihn spielt.

Nach der Liebe sagt derjenige, der als Erster spricht, eine Dummheit. Diesmal ist es Philippe: »Anna, wie war noch mal dein Satz mit dem Tiger und dem Raum?«

Alle Geschichten

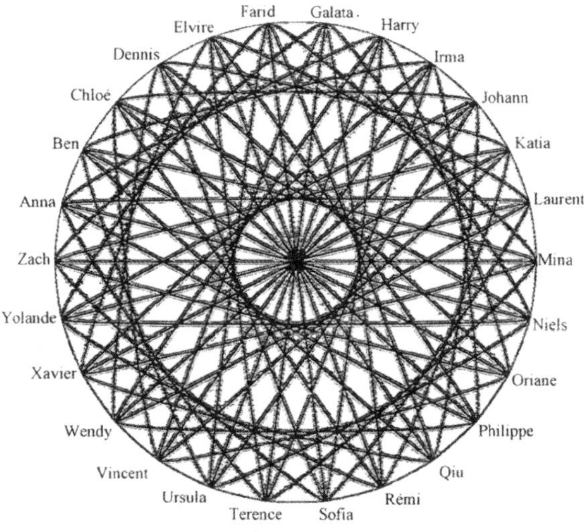

Der Boden der Sextinischen Kapelle

Die Decke der Sextinischen Kapelle

Originalausgabe: *La Chapelle Sextine*

1. Auflage

ISBN 978-3-0358-0041-8

Satz und Layout: 2edit, Zürich
Druck: Steinmeier, Deiningen

www.diaphanes.net